Lundi, Alby, le 8 septembre.

Cher ami, je suis dans ce petit cabinet que tu habites; j'ai
fermé ma porte, je suis séparée de tout ce qui existe, et je
suis avec toi seul dans mes courses, dans mes conversations;
mon cœur est toujours à la poursuite de ce silence qui me
ramène à mon ami. Tout en courant, je me nourris de ta
dernière lettre, et il me tarde de retrouver ma table et ma
plume pour t'exprimer tout ce que tu m'inspires de tendresse
et d'amour. O Hippolyte! qu'est pour moi la variété des objets,
l'agitation des étrangers? En vérité, je ne sais; mais ce qu'il
y a de certain, c'est que mon âme n'a qu'une seule situation,
celle d'aimer. Je ne puis reposer un moment mon imagination sur cette supposition d'être ravis l'un à l'autre; pour cela
mon cœur n'a pas de réponse, et je répéterai ce que je viens
de te dire : à la vie, à la mort, je ne puis connaître d'autre
situation que celle d'aimer. Tu voudrais que je devinsse mère?
Ce vœu ne laisse jamais mon esprit au repos; je sens que là-
dessus ma tête pourrait s'égarer et aurait presque besoin de
te faire un emprunt de sagesse et de résignation. Hippolyte,
personne ne m'entend, je puis bien te tout dire. Crois-tu
que nos vœux seront exaucés? Quelquefois il me vient dans
la pensée que Dieu nous privera de ce bonheur pour que nous
versions dans le sein des pauvres une partie de nos revenus.
Je verrais dans cette marche de la Providence le dessein de
nous perfectionner par une vie meilleure. Mais que la faiblesse de ma soumission me ferait souffrir, et que mon cœur
serait déchiré par cette épreuve! Cher ami, je goûte le bonheur de tout épancher dans ton sein. Voilà mes passions. Je
puis te faire connaître toute leur vivacité, car il me semble
que tu ne les récuseras pas. Je ne suis rien, auprès de toi je

ne suis qu'un enfant pour la manière de goûter la religion et
la vertu. J'ai passé ma vie dans leur empire ; je n'ai pas
senti l'effroi de les avoir abandonnées. Je rends hommage
chaque jour à leur influence, mais peut-être ce n'est pas
avec assez de zèle. Il y a chez toi une ferveur qui me con-
fond, et quoique d'après les lois de la saine morale, le repentir ne vaille pas l'innocence, je serais tentée de dire : *Heureuse faute!* Tu sais d'avance combien la régularité de ta
conduite me rend heureuse et me console de n'être pas près
de toi. M. l'abbé S.... doit t'aimer jusqu'aux larmes, car il
n'a peut-être pas vu un jeune homme à épaulettes à ses
pieds. Je ne trouve pas le montant du billet une somme
modique, et j'accepte avec grand plaisir la mission dont tu
me charges. Donnons toujours, Hippolyte, Dieu nous le ren-
dra au centuple. Je trouve qu'il est bon quelquefois de voir
la misère de près ; nous cherchons trop les jolies images,
nous voulons à tout perdre être égayés ; nous vivons dans la
sécurité de nos aises, et les malheureux souffrent dans l'ob-
scurité. Ce n'est pas assez de leur infortune, il faut encore
qu'ils aient en perspective les amusements des heureux du
siècle. Qu'avons-nous fait pour être si bien traités? N'est-ce
pas assez d'avoir en partage le bienfait de l'éducation, une
honorable existence, faut-il aller perdre son temps au milieu
de vains plaisirs, et hasarder tous les vrais biens pour tout
ce que le monde invente de séduisant et de faux? Je ne vois
qu'un seul bonheur : celui de la famille. Je voudrais que
maman et miss pussent vivre autant que nous, et ne jamais
m'écarter de ce cercle. Cher ami, c'est une chose étrange
que les scènes qui se passent sous nos yeux. Alix part demain pour aller voir sa malheureuse amie. M. de R... l'ac-
compagne ; elle m'a donné la permission de te confier un
secret. Quel secret! son mariage est à peu près arrêté avec
M. P... G.... Personne ne le sait encore. Cette confi-
dence est importante ; je lui en ai témoigné ma joie. Cette

âme ne pouvait plus se dévorer elle-même. Sera-t-elle heureuse? je l'espère. Je n'ai pas pu trouver l'occasion de lui dire que tu lui conseillais fort de se marier, mais, dans tous les cas, je ne lui révélerai pas les secrets de l'amour. Il vaut mieux qu'elle soit enchantée par ses progrès, que si elle était attristée par un mécompte. J'ose croire que M. G... a de l'honneur, et qu'il se conduira bien. La fortune a de grands attraits. Les passions des hommes sont si impétueuses qu'on ne peut s'empêcher de tout craindre quand une femme est disgraciée. Du reste, cher ami, une autre considération m'aurait empêchée de lui rapporter ce que tu m'écris à son sujet : Tous les maris ressemblent-ils à mon Hippolyte, et peut-on s'aimer comme nous? C'est ce qui m'a semblé rare et impossible, et je m'en tiens à ma conclusion. Mon cousin est ici avec sa famille; ce m'est une jouissance de considérer les embarras dont je me suis tirée et l'asile que je me suis choisi. J'ose avouer que j'ai quelquefois la malice du renard, et que je savoure le petit triomphe de me trouver hors de ce puits. Hippolyte, on ne me trouvera plus que dans tes bras; rien ne pourrait m'en arracher. Ah! ne laisse pas échapper ton amie. Sois toujours fidèle; que le parfait et éternel accord de nos sentiments confonde tous leurs calculs et me venge; c'est le seul ressentiment que je me permets. Ma cousine a beaucoup changé à son avantage pour le caractère : elle n'a plus de minauderie et de préoccupation de toilette; elle est plus douce, et je lui pardonne volontiers toute les petites faiblesses de mère. Sa taille s'est bien gâtée; quoiqu'elle soit fraîche et jolie, elle n'a plus de tournure, et c'est vraiment une grosse femme. Le petit garçon n'est point bel enfant, il ne ressemble à personne : il est très-doux, gracieux, et sa physionomie est assez prononcée. Ils sont tous fort polis avec nous, et nous font de fréquentes visites. Tout ce monde part jeudi pour C.... Je te remercie de la lettre que tu as écrite à ma tante, elle m'a beaucoup plu,

et c'était bien à propos. Ma tante en a été enchantée, et tu
peux compter qu'elle te répondra. Qu'il est heureux que tu
goûtes les bons livres, Hippolyte ! Je crois avoir lu dans Bossuet que notre mémoire nous rend ce que nous lui donnons,
et que lorsque nous nous plaignons de l'intempérance de
notre imagination, nous devons nous en prendre à notre
imprudence dans le choix des lectures. J'ai trouvé dans ta
bibliothèque les psaumes paraphrasés du Père Berthier ; j'en
lis avec délices quelques pages tous les matins. On n'a pas
mieux connu le cœur humain et les diverses situations de la
vie que cet auteur. Il réveille la foi et démontre si bien le
malheur de l'impie, qu'on n'a plus qu'une seule envie :
celle d'aimer Dieu. A une autre heure, j'ai lu le *Siècle de
Louis XIV* par Voltaire. J'ai eu le plaisir de trouver dans
son livre que *la confession est le plus grand frein de la méchan-
ceté humaine ; que les républiques enfantent beaucoup d'ambi-
tieux ; que dans les monarchies tout se fait avec honneur, et que
le gouvernement de nos rois est celui des pères de famille.* Il écrit
avec un naturel qui aurait bien dû empêcher ses adorateurs
de tomber dans le maniéré et le faux brillant. Il raconte les
anecdotes de cour en homme de bonne compagnie, et avec
une décence qui aurait dû apprendre à tous ces petits auteurs
rampants à ne pas être aussi licencieux. Mais je conçois tout
le mal qu'il a fait par ses funestes contradictions. Cet homme
roule dans sa tête des projets infernaux : il feint de soup-
çonner la croyance de Bossuet et de Fenélon ; il appelle phi-
losophes des hommes livrés à la débauche ; il prédit avec
assurance un siècle de bonheur sur les ruines de tout ce
qu'on avait écrit de sage. Pour moi, il me semble que les
esprits bien faits ne peuvent plus être trompés par d'aussi
malheureuses rêveries, surtout quand l'expérience des événements est venue à l'appui. Voilà, cher ami, une bien
longue digression, il est cependant vrai que j'abandonnerais
tous les livres du monde pour lire une seule pensée dans

ton cœur. Hippolyte, je voudrais bien mêler mes larmes aux tiennes, et jouir avec toi d'une aussi douce émotion. Ah! que je t'aime, et que tout ce qui met de borne à l'expression de ma tendresse m'ennuie et me fatigue! J'en veux à ce papier, et je le bénis : il te porte les tendres sentiments de Lise.

P. S. Je trouverai un peu de place pour te dire que je n'ai pas plus d'esprit que toi. Tu m'as appris une science charmante : celle d'exprimer les passions du cœur. Je te rends donc ce que tu me prêtes, je t'aime et je ne sais plus rien. C'est une jolie découverte que celle de s'aimer chaque jour davantage. Hippolyte, ne tarissons jamais cette source de bonheur. J'étudie quelquefois mon piano. Mademoiselle F... m'avait prêté un morceau de musique que j'ai été ensuite jouer chez elle. Je tiens autant que toi à ce petit talent, et parce que je le trouve appréciable et parce qu'il te plaît. A quelle heure reçois-tu mes lettres? Adieu, cher ami, Lise s'en va, Lise te reste; prends-la sur ton cœur, elle est tout entière à toi.

Alby, le 16 et le 17 septembre.

Cher ami, qu'il me tardait de recevoir ta lettre et d'y répondre! Plus je vais, plus j'ai besoin de te retrouver. Lorsque ma réponse est finie et embarquée, il me semble que j'ai mal dit. Tout ce que j'ai écrit me paraît faible, et je sens que les expressions de mon amour ne sont pas au niveau de cet amour même. Je disais hier à maman : « J'aurai demain une lettre; voilà ce qui m'intéresse, car tout le reste ne m'intéresse pas du tout. Pourquoi faut-il que je sorte? J'aimerais à ne pas rencontrer une figure humaine jusqu'à demain. » Avec ces dispositions obligeantes pour le genre humain, je fis ma toilette, et j'allai entendre un long sermon à Saint-Salvi. Peut-être plusieurs femmes me trouvèrent bien mise, par la seule raison que mes manches font bien le globe et que ma taille n'est pas encore déformée. Malheureusement, je ne pense pas trop à ceux qui me voient, mais à celui qui devrait me voir; ceci est de l'amour-propre bien subtil, car à part le plaisir de songer à Hippolyte, je sais que personne ne s'intéresse à moi comme lui, et je me complais dans la pensée de lui plaire. Nos sentiments seraient une chimère? Oh! non : je ne sais ce que c'est, mais notre union a tant de charme, que mon imagination est animée quelquefois de ces mêmes images qu'on ne rencontre jamais dans la réalité. Qu'il est doux de pouvoir approfondir le sujet qui vous enchante : il est rare que cela soit ainsi. Pour moi, cher ami, je ne vois dans l'avenir que la suite naturelle des premiers moments de notre union, c'est-à-dire un échange mutuel de soins, de secours, de dévouement. Avec cela, peut-on rien regretter? Tu vas donc te mettre en voyage : n'emporteras-tu pas avec toi le souvenir de Lise? Il me tardera que tu sois de retour, et je cherche à m'expliquer pourquoi. Quand on aime, on craint tout : on redoute les accidents, et puis, faut-il le dire? il semble que l'agitation est funeste à l'amour. Je me souviens de ces entre chien et loup de l'hiver dernier. Je causais avec toi au salon, et je crois que j'aurais voulu que la lumière ne parût jamais. Adieu donc, cher ami, tu partiras le lendemain de la réception de ma lettre. Tu m'écriras de Cahors, et j'espère avoir mes dépêches habituelles. Tu sais, Hippolyte, ce que j'ai à demander à Dieu?... Plus rien, ma vie est heureuse, et j'ose l'affirmer, même en étant séparée de toi, parce que je sais que tu m'aimes, et que cette certitude est un bien. Cher ami, tu peux te méfier de toi-même, le passé peut t'importuner quelquefois et te rendre timide : n'importe! Je ne crains plus pour toi. L'air du monde ne t'est pas bon : tu l'as respiré trop longtemps pour que ce souffle ne ramollisse pas ton âme, mais tu as goûté aussi de ce qu'il y a de mieux sur la terre, *la vertu*, et Dieu ne permettra pas que follement tu l'abandonnes. Les T... ne sont partis qu'aujourd'hui pour la campagne. Nous avons eu pendant quelques jours à A... une voix presque à l'instar des Catalani, des Pasta : c'était Madame D..., belle-sœur de Madame C... G...; mais le malheur a voulu qu'on ait eu l'envie de l'entendre sans pouvoir y réussir. Quelques jours avant cette arrivée, notre voisine me fit une longue visite et m'entretint toujours de la voix et de la complaisance de sa sœur. C'était le désir de me faire faire sa connaissance, c'était l'espérance que je l'entendrais, enfin tous ces petits compliments qui, débités par un joli visage, sont assez agréables à recevoir. Point du tout, il n'en a rien été. Tantôt la Parisienne avait une *toile* sur le gosier, tantôt elle était à sa toilette ; tant il y a qu'on s'est plaint que Madame G... manquait absolument de tact et n'avait pas pu procurer à un très-petit nombre d'amateurs le plaisir d'entendre cette belle voix. Je l'ai écoutée de ma fenêtre le soir. C'est un gosier de rossignol, et des sons pleins et unis. Les dames D.. m'ont dit qu'elle est surtout remarquable par la justesse avec laquelle elle attaque la note, tombant des hautes octaves aux plus basses avec une intonation parfaite. La jolie romance, *Ni jamais, ni toujours,* est de la composition de cette dame. Les dames de V... sont de retour, et ne se trouveront pas au passage de la princesse. Mademoiselle Noémi de G... était ici ces jours derniers, fort élégante et habillée d'après des modèles de Paris. Son frère, le futur officier d'état-major, y avait été avant elle. Il contait à C... tous les dangers de Paris, l'effronterie des femmes, l'état de langueur et de dépérissement des jeunes gens, les désordres de la grande société. Ce jeune homme a encore de la vertu, et disait qu'il lui tardait quelquefois de rentrer pour se laver les mains, tant il était dégoûté par ce qui s'offrait à sa vue. Voilà, cher ami, tout ce qu'on ignore quand on est

jeune et innocent, et c'est cette ignorance qui donne la paix. Pour la recouvrer, il faut écarter ces souvenirs. Ils ne font peut-être une véritable horreur qu'à ceux qui ont été constamment vertueux. Celui qui s'est laissé séduire une fois, peut bien profiter de la leçon et se corriger; mais il est bien plus facile à recevoir les impressions que celui qui n'a jamais été atteint. La famille M... va aller à P... n'écris pas de longtemps par cette voie. Je me suis acquittée de toutes tes recommandations au sujet de L... j'irai cet automne. C'est une belle saison pour voyager. M. le Général a donc voulu que tu l'accompagnes? Il doit lui tarder que ses courses le ramènent enfin vers ce qu'il a de plus cher. J'aime à apprendre qu'il reçoit de bonnes nouvelles et que sa santé est parfaite. Je le prie d'agréer mes respects et d'exercer sur son aide de camp le plus complet patronage.

« Rarement à courir le monde,
» On devient plus homme de bien. »

Et comme je prétends ne rien perdre de ce que je possède, je confie à M. le Général tous mes intérêts. Adieu, mon ami, me voilà à désirer de nouvelles nouvelles, et à me plaindre de te quitter sitôt; mais un seul mot finit tout : Je t'aime. Lise.

Alby, le 20 septembre.

M. A... est venu me remettre ta lettre. Sa visite m'a été très-agréable, et en écoutant les nouvelles qu'il me donnait de toi, mon cœur se livrait au plaisir de l'entendre faire ton éloge. Je l'ai remercié de ce qu'il me disait d'obligeant sur ton compte, mais je n'ai pas craint de montrer ma satisfaction, ajoutant que ta bonne conduite valait pour moi tous les trésors. Dès qu'il a été sorti, j'ai appelé mes bonnes amies en toute hâte, et j'ai lu tout bas ta lettre. Pendant ce moment de silence, leur physionomie se fixait sur la mienne pour pénétrer ce qu'il y avait de bon à apprendre. Que pouvais-je leur répondre? Que leur fils *félicitait ses camarades de partir, et regrettait d'avoir manqué l'occasion de les suivre en Morée.* Mon sang bouillait dans mes veines, non de courroux, mais de douleur. As-tu bien pu écrire ces lignes et croire que je les prendrais pour l'expression de l'amitié? Je ne sais tout ce qui a passé dans ma tête et dans mon cœur en lisant cette lettre; mon premier élan a été de dire : Ah! pourquoi n'ai-je pas un enfant! il recueillerait au moins les larmes de sa mère. J'ai senti jusqu'au fond de l'âme que je pourrais me repentir de t'avoir connu, et je n'avais jamais entrevu l'apparence de cette extrémité. Ta mère n'était pas moins consternée que moi : elle qui a fait *l'expérience de tes résolutions,* était peut-être plus effrayée des malheureuses pensées qui se sont présentées à ton esprit. Ah! Hippolyte, mon cœur ne te suffit pas? que ta tendresse est loin de la mienne! Assurément je suis sensible à tout ce qui est noble et généreux, mais je repousse ce fantôme de gloire, qui semble flatter, mais qui jette un poignard dans le cœur. Je m'attache à ce qui est réel et je dédaigne tout ce qui repose sur la vanité humaine. Pour l'ambition, je ne la connais pas, et je t'assure que ce n'est pas chez moi une indifférence romanesque. Tu ne seras pas meilleur à mes yeux avec un grade de plus, et mon bonheur n'en augmenterait point. Plus de fortune serait inutile à mes goûts, à mes besoins, à mes désirs; j'ai tout ce que je pourrais souhaiter, et je ne saurais craindre que le renversement de ce que je possède. Ton imagination exaltée t'a montré les choses bien différemment: Grand Dieu! vie, bonheur, fortune, hasarder tout d'un seul trait, quelle folie! *L'occasion est manquée :* j'ai relu ces mots, je m'y suis arrêtée, j'aurais voulu qu'ils fussent écrits en lettres d'airain. Redis-moi que tu es à l'abri de toute espèce de chance, promets-moi de bannir ces pensées de ton esprit. Hippolyte, tu m'as presque enlevé le repos. Voudrais-tu me laisser seule recevoir le dernier soupir de ta mère, en proie à toutes les craintes d'une éternelle solitude? Tu te plains de ton isolement, mais un moment d'ennui ne doit pas nous ôter la raison. Si tu n'avais que vingt-cinq ans, si tu n'avais pas battu l'ennemi, si tu écrivais à ta maîtresse, je comprendrais tout ce que tu m'as mandé : mais à ton âge, après avoir bien servi, dire à ta femme, à celle qui doit vivre et mourir avec toi, que tu regrettes de ne pas faire cette guerre, cela est cruel et bien affligeant.

Pénètre-toi bien, mon ami, que ta position a tout à fait changé : j'entends tout aussi bien que toi la voix de l'honneur, je ne te détournerai jamais de son chemin; mais la raison et le sentiment de ma position m'apprenent à me défier de ces rêves inventés par la petitesse de l'homme. Ne te laisse jamais guider dans tes démarches par des inspirations étrangères, nous savons mieux que personne ce qui nous est bon. Le général R... sait-il le bonheur qui te convient le mieux? Ah! oui, *rester à A... faire de fréquents voyages à B...* voilà précisément ce qu'il nous faut pour arriver à cette époque où nous nous réunirons pour ne nous plus quitter jamais. Il t'a vu jeune, plein de feu pour les hasards, courant avec ardeur après un ruban, assaisonnant tout cela d'amour et de gloire, c'était excellent alors; maintenant tu soutiens une famille, ton sort est fixé, et le bonheur domestique est la seule chose que tu puisses envier. O mon ami! mon cher ami! je croyais que tu étais à moi, et que tu ne pouvais plus former de semblables projets; mais non, tu ne sais pas te féliciter de rester en repos, tu me fais tout craindre par la seule vivacité de ton caractère. Tenter la fortune! pour qui, pour quoi? Cher ami, réfléchis sur ta position : elle n'est plus en harmonie avec le hasard; te parler de moi, en vérité, je ne puis. Touchant au moment de nous revoir, je me berçais de pensées d'amour; tout ce que tu, m'as fait envisager a attristé mon âme ; je suis découragée. M'aimes-tu, Hippolyte ?... Si tu ne m'aimes pas, dis-le-moi encore. Je sens que si la réalité pouvait prendre la place de ce moment de trouble que tu m'as fait passer, mon cœur serait assez flétri pour ne rien désirer. Il me semble que j'ai la fièvre, et je t'exprime mal tout ce que je sens. Que diraient mes amis s'ils savaient l'alternative dans laquelle je pourrais me trouver ? Tous ne pourraient comprendre que tu *aies désiré de chercher* un parti si extrême. Mon ami, je ne voudrais pas te le dire, mais en cherchant à me calmer, à te calmer, il faut l'avouer, l'homme est une bien petite créature, et il lui faut bien peu de chose pour l'abattre et le désorienter dans cet état de faiblesse ; ne pouvant se supporter lui-même, il abuse de sa raison et fouille dans son avenir des difficultés auxquelles il ne songe pas dans un temps de courage ; son cœur mécontent lui suggère mille idées extraordinaires, et dans certains moments il aimerait mieux l'orage que l'abri où il ne risque rien. Ah ! si je pouvais me flatter de le remplir, ce cœur, que je serais heureuse ! Mon tendre ami, reviens dans mes bras, je tâcherai de te faire oublier les ennuis de la vie, car ce n'est pas telle ou telle position qui nous rend heureux ou pleins de chagrin, mais la condition de notre nature faible et misérable.

J'ai vu I... j'ai causé avec lui, il me disait : « Voyez-vous mes cheveux blanchir ? Eh bien ! je voudrais avoir soixante ans. Il vaudrait mieux que ma femme n'eût que 40,000 francs et qu'elle pût vivre encore ; que dis-je ? rien. » Tu vois, cher ami, que personne n'est tout à fait content. Cet ami qui va en Morée était contrarié d'aller en Espagne. Les événements amènent de nouvelles circonstances ; le voilà charmé de ce qui te chagrinerait beaucoup aujourd'hui. C'est tout simple, et chacun son tour. Je ne finirais pas si je te détaillais toutes les raisons qui doivent t'éloigner d'un pareil engouement.

Maman t'épargne aujourd'hui ses plaintes et ses remon-
trances. Cher ami, mon amour te restera toujours, et si tu
ne le dédaignes pas, tu n'auras plus la funeste pensée de
m'abandonner. Ah! Hippolyte, tu attaches un peu de prix à
cueillir un baiser sur la joue de Lise, voudrais-tu la con-
damner à cacher tout son visage dans ses mains?

Je reçois à l'instant ta lettre par la poste. Je vois avec
plaisir que tu n'as pas l'air de songer à tout ce que tu m'as
écrit et que je viens de combattre. Tu ne te doutes même
pas de l'impression que cela a fait sur nous, je ne puis te le
laisser ignorer, ma lettre part. Je répondrai demain à ta
dernière; je te dirai comme aujourd'hui que mon cœur se
passionne pour tout ce qu'il y a de bon chez toi, et Lise
t'aime d'une manière exclusive.

Alby, le 16 et le 17 juin.

Je reçois ta lettre à l'instant, cher ami; j'avais espéré de
la recevoir. Mon cœur calcule tout, et quand il devine la
marche du tien il est charmé. C'est une rencontre de plus.
J'écris debout, miss occupe ma place, étant occupée à écrire
à son frère. N'importe, la solitude, le bruit, le monde, l'isolement, ne déplacent rien dans mes sentiments. Je suis ton
amie partout, et partout je porte un cœur avide de t'aimer.
Il est donc vrai que mes lettres ont de l'agrément pour toi?
Oh! s'il en est ainsi, permets-moi de leur donner un prix;
il faut absolument que je m'attache à ce qui a le don de t'at-
tacher. Tout ce que je trace est bien faible; tout ce que je
sens est bien au-dessus. Ma plume court, il est vrai, et
quand se reposera-t-elle? Mon ami, que je t'aime! Je ne
puis concevoir un attachement plus fort, mieux justifié, aussi
consolant; il n'y manque rien; personne n'eût su y répondre

comme toi. Je suis bien aise que tu t'occupes avec plaisir de
mon voyage de Pampelonne, puisque je l'entreprends demain. J'ai écrit à ma tante que j'éprouvais de la joie d'avance
d'aller me coudre à son jupon pendant quelques jours. Vous
penserez, lui dis-je, que je suis une petite fille, et si je vous
embarrasse vous me grognerez. Aujourd'hui *foire d'A..*.
Maximin est venu *toucher barre*. Voilà qui est arrangé, je
pars par la diligence et je trouve mon escorte aux *Forguettes*.
Je me munis d'une paire de pantalons arrangés à ma taille,
et avec cette précaution je suis disposée *à enfourcher* tous les
chevaux qu'on voudra. D'abord j'ai cru mes projets détruits.
L'état de M. C... allait de mal en pis; ces dames étaient
plongées dans l'inquiétude; il n'eût pas été bien de ma part
de les quitter. Une crise violente, mais heureuse, a tourné
à bien, et le malade paraît hors de danger, du moins pro-
chain, car on assure que depuis longtemps il dépérit à vue
d'œil. N... nous a mené M. M..... Quelle pitié! des mains
décharnées et tremblantes, un corps tout amaigri, une cou-
leur éteinte, des yeux morts, voilà son image. Pour quelques plaisirs d'un moment, perdre tout le coloris de la jeu-
nesse, toute la gaieté de la vertu! Ce jeune homme nous a
fait mal au cœur, aussi miss s'est-elle empressée d'écrire à
son frère de n'avoir jamais la faiblesse de laisser aller son
fils à Paris. Comme tu me le mandes, je me guiderai à
P... d'après les instructions de maman. Oui, tu sauras
tout, et je recueillerai tout pour toi. Je prends des souliers
forts pour courir les rochers du Viaur, des souliers délicats
pour aller de pair avec les belles qui pourraient se trouver là,
des souliers moyens afin que mon pied soit toujours agréable
à voir. Ai-je une bonne tête? Que de souvenirs je retrou-
verai dans ce pays! Tes soins, ta tendresse, ta protection
reviendront occuper mon cœur. Pour m'y plaire véritable-
ment, je penserai que tu l'as habité à diverses époques. Je
crois que je ne retournerai pas au château de T... Mourir sous

tes yeux, cela se conçoit, mais, en ton absence, il serait très-gauche de rouler dans un précipice. Je vais faire mes visites de départ, et puis me coucher de bonne heure. A trois heures il faut être sur pied. M. B... a perdu sa mère ; M... se trouve ici le jour des funérailles ; il ne va pas voir son ami. Comment expliquer de tels caractères ? Le mariage de mademoiselle C... avec M. C... est arrêté, et il va se faire au premier jour. On se réjouit du bonheur de ces futurs époux. Toutes nos jeunes femmes sont logées à la même enseigne que moi : point de grossesse d'aucun côté, cela est étrange ! Non, je n'ai point fait voir mes toilettes à madame G... ; elle me les voit porter, voilà tout. Sa ridicule manie augmente tous les jours, hommes et femmes s'en amusent. Sa mise est très-mesquine, mais elle possède un avantage : celui de tout savoir dans cette partie. Rien en fait de modes ne lui est inconnu. C'est quelque chose... Revenons à nous : Je me trouve très-bien d'oublier l'univers entier pour ne m'occuper que de toi. Tu envisages la fidélité conjugale d'une manière à me rendre la plus heureuse femme du monde. Que pourrais-je souhaiter de plus ? Si un semblable retour peut te rendre heureux, sois-le donc, cher ami. Je ne veux point oublier de te dire que M. C... est réintégré dans sa place. Il vint nous l'annoncer et passa la soirée avec nous. Je lui fis ma cour d'une tirade de vers que je trouvai dans les paperasses de madame d'A... ; ils étaient de lui et je les savais par cœur. Adieu, mon Hippolyte, je te fais mes adieux. En m'éloignant des lieux où je pense le plus habituellement à toi, je crois te quitter. Une de tes lettres viendra, j'espère, me trouver à P.... A mon tour, je daterai de ce pays. Mon amitié, voyageant par monts et par vaux, ira te dire que tu es tout pour moi. Lise.

Paris. — Typographie de Henri Plon, imprimeur de l'Empereur, 8, rue Garancière.

www.ingramcontent.com/pod-product-compliance
Lightning Source LLC
Chambersburg PA
CBHW060729280326
41933CB00013B/2584